© 2013, Camille Case
Edition : BoD - Books on Demand
12/14 rond-point des Champs Elysées, 75008 Paris

Imprimé par Books on Demand GmbH,
Norderstedt, Allemagne
ISBN : 9782322032068
Dépôt légal : Mai 2013

LE MENSONGE DE MARIE

Du même auteur

Complainte d'une femme mariée, BOD, 2009
L'atéchisme, BOD, 2010
Prendre le Maquis, BOD, 2011
Elections 2012, abstention ou complicité ? BOD, 2012
Dictionnaire sans prétention de l'économie prétentieuse, BOD 2012

Camille Case

LE MENSONGE DE MARIE

A toutes les femmes qui ne sont pas mères de Dieu

Je ne vous appendrai rien, je suis née avant Lui, en Judée. Les saints récits m'ont donné un père et une mère ; Joachim et Anne, tous deux de la tribu de Juda.

Pour tout vous dire, je ne sais pas si j'ai existé réellement mais qu'importe puisque j'ai changé le monde. Ce que je sais, c'est que mon mensonge a fait l'objet d'une des plus grandes croyances de la planète.
Quel mensonge vous demandez-vous ?

L'appel du corps

J'étais une femme ordinaire, fille d'une banale famille d'agriculteurs. Comme toutes les femmes de mon époque, j'étais reléguée aux tâches domestiques et j'attendais sans impatience que l'on me choisisse un mari. Mes sens et mes formes de femme se développèrent et j'étais considérée comme une belle jeune fille. Les hommes ne cachaient pas leur désir même si je me devais de les ignorer et cacher mon corps à leurs yeux dans des vêtements amples et lourds.

Mes nuits de jeune fille furent les seuls moments de liberté et mes pensées pouvaient alors vagabonder dans le monde des hommes. J'imaginais des étreintes viriles, le poids du corps mâle sur le mien, la force des bras enserrant ma poitrine, le frottement de mon ventre contre celui de l'amant rêvé.

Le matin, mon corps était comme douloureux ; le manque sans doute, le désir inabouti qui tendait mes seins, le vide de mon sexe qui ne connaissait pas le plein.

Chers croyants, n'y voyez aucun blasphème, je vous parle de moi, de moi femme, de mes désirs de femme. Je sais combien les pervers religieux ne peuvent entendre les mots du désir sexuel, particulièrement celui des femmes. Je les appelle pervers car comment nommer ces mâles qui veulent contrôler et posséder le ventre des femmes aux seules fins de la reproduction ? Selon eux, nous sommes impures, nos corps sont habités par le démon. Pour eux, nous sommes une matière inerte, froide, sanglante. Nos formes sont démoniaques, elles invitent à la fornication, à l'impureté, aux jeux malsains du corps, détournant ainsi l'esprit de l'appel divin. Pensez-vous que ces hommes soient tout à fait équilibrés ? Les auteurs des lois et des règles appliquées aux femmes étaient des névrosés que vos psychiatres auraient probablement tenté de soigner.

Mon temps fut rude pour notre sexe. Nous n'étions que des ressources destinées à mettre au monde les fils des mâles. Nous étions réifiées, réduites à nos ventres auxquels la semence de l'homme donnait vie. Les familles arrangeaient les mariages en fonction d'intérêts fonciers ou dans la perspective d'alliances avantageuses pour la puissance et la prospérité des communautés, des tribus ou des peuples. Mariées, nous étions respectées, non pour nous-mêmes, mais par égard pour nos propriétaires, nos époux. Les femmes qui n'étaient pas sous la protection d'un mari étaient habituellement violentées et abusées.

La virginité

Notre virginité était le trophée de chasse montré par le mari lors de la première nuit. Rester vierge, angoisse de la jeune fille, inquiétude du futur mari, crispation du prélat, condamnation à toutes les horreurs pour celles qui ont perdu l'hymen.
Dieu a créé l'Homme à son image, or Dieu n'est pas sexué. Observer la chasteté c'est vivre à l'image de Dieu. Bien sûr, il faut se reproduire, le ventre sera donc empli par un père et un seul. Et c'est à ce seul géniteur que la femme offre sa virginité. Je ne comprenais pas cette crispation religieuse à propos de la virginité.

Je savais pourtant que je ne pouvais me soustraire à cette règle phallocrate sans risquer la mort ? Mais mon corps de femme m'appelait de toute la force de ses désirs à l'amour, à m'ouvrir au sexe de l'autre.

La nuit où le monde changea

Il était beau. Ses cheveux bruns dessinaient un visage angélique qu'éclairaient des yeux d'un noir profond. Il était grand et svelte, ses jambes étaient lisses et musclées. Chaque pas faisait luire la peau de son torse, et, quand il disparaissait de ma vue, sa nuque presque ocre laissait apparaître toute la puissance de ce corps qui provoquait mon désir. J'ai tenté de chasser ces images, j'ai tenté de comprendre ce qui remuait mes entrailles ; aucune réflexion n'est venue à bout de la toute puissance de l'attirance. Devais-je lutter contre la nature créée par Dieu. S'Il nous a créé sexués, s'Il a mis en nous ce désir, s'Il est le créateur de la nature, Il est aussi celui du désir. Dieu n'a pu créer le mal, mon envie de chair est conforme à ma nature et donc conforme à la volonté de Dieu, mon créateur.

J'ai tenté de justifier l'acte que je voulais commettre par toutes sortes d'argumentations sans toutefois me débarrasser de cette peur, de cette culpabilité héritée et ancrée en moi avec toute la force de la conformité et de la tradition.

A l'heure où tout fut assoupi, nous nous sommes trouvés, nous nous sommes éloignés, nous nous sommes cachés et nous nous sommes aimés. S'il était fort, il était tendre. Il m'apprit toute la jouissance de la lenteur, tout le calme des fluides, toute la chaleur de l'épiderme. Nous avons mélangé nos salives et nos sucs, nous avons mélangé nos sueurs et nos liqueurs et j'ai perdu dans ses bras ce qui faisait de moi une "femme honnête".

Perdre l'honorabilité pour un instant égaré, pour une extase éphémère des sens. J'étais femme mais ne pouvais plus être épouse. J'étais femme mais ne pouvais plus être mère. Devais-je mourir ou mentir ? J'ai connu la vie cette nuit-là et n'ai pas voulu y renoncer.

Le mensonge

Les superstitions de mon époque me donnèrent une occasion de sortir de ce mauvais pas. Les gens de mon peuple étaient très crédules ; la science n'avait pas ou peu d'existence et les phénomènes inexpliqués faisaient l'objet d'une multitude de croyances surnaturelles et de nombreuses considérations ésotériques. L'ignorance de ma famille et de ma communauté me fut d'un grand secours.

J'étais enceinte. J'ai pu le dissimuler un temps mais il fallait trouver une belle histoire pour que mon état soit accepté. J'étais promise à Joseph que je connaissais et que je considérais comme un gentil garçon mais un peu benêt. Nous avons ourdi un plan avec le père de mon enfant pour faire accepter à Joseph qu'il m'épousât enceinte.
Mon amant entreprit de se déguiser en Ange, être surnaturel souvent invoqué par les gens de cette époque. Il avait revêtu une tunique blanche et j'avais fabriqué une paire d'ailes avec quelques plumes récoltées çà et là lors de l'abattage de

quelques volailles. Je les avais accrochées à son dos ; qu'il était beau mon ange !

Je me suis occupée de collecter suffisamment de torches et de bougies pour qu'une intense lumière entoure l'apparition afin qu'elle éblouisse Joseph et le réveille. Nous avions décidé de mettre en scène l'ange Gabriel, il était en effet très connu car souvent cité dans les livres saints.

Par une nuit que nous avons choisie noire, nous sommes entrés dans la chambre de Joseph et nous nous sommes installés à la droite de sa couche. J'ai allumé toutes les lumières et l'Ange dit à Joseph : "*Joseph, fils de David, ne crains pas d'admettre près de toi Marie ton épouse, car celui qu'elle enfantera est issu du Saint-Esprit. On l'appellera Jésus.*"

Je fis vite le noir et rassembla tous les accessoires puis nous sommes partis sans laisser à Joseph le temps de reprendre ses esprits. Nous comptions sur l'effet de sidération pour masquer la mise en scène.

Je rejoignis ma couche, morte de peur, souhaitant que le stratagème ait réussi. Je n'ai pas attendu longtemps. Joseph criait à qui voulait bien l'entendre qu'un ange lui était apparu et lui avait dit que je portais le fils de Dieu. Les gens se réveillèrent et crièrent au prodige. Ils convergèrent vers ma maison. Il fallait vite que je trouve quelque chose à dire qui les renforçât dans leur croyance Je sortis à la rencontre de cette petite foule et dit que l'Ange Gabriel m'était apparu et qu'il m'avait dit: " *Sois sans crainte, Marie, car tu as trouvé grâce auprès de Dieu. Voici que tu vas être enceinte, tu enfanteras un fils et tu lui donneras le nom de Jésus. Il sera grand et sera appelé Fils du Très-Haut. Le Seigneur Dieu lui donnera le trône de David son père ; il régnera pour toujours sur la famille de Jacob, et son règne n'aura pas de fin.* "

Joseph me raconta que l'ange lui était également apparu et lui avait dit que je serai son épouse et la mère du fils de Dieu.

Je suis tombée à genoux devant Joseph et lui tendit mes mains qu'il prit avec tendresse.

Je racontais ensuite à Joseph et aux personnes qui l'entouraient que j'avais demandé à l'ange comment je pourrais enfanter alors que je ne connaissais pas d'homme. Je me libérais ainsi de ma faute et justifiais mon état.

Je dis alors que l'ange m'avait répondu : " *L'Esprit-Saint viendra sur vous, et la vertu du Très-Haut vous couvrira de son ombre. C'est pourquoi l'être saint qui naîtra sera appelé Fils de Dieu.* ».

La foule se mit à genoux, les mains tournées vers le ciel pour remercier Dieu d'envoyer son fils. J'ai alors montré mon ventre arrondi par Dieu Fait Homme. Tous s'approchèrent pour admirer ce miracle.

Mon destin, celui de mon fils et celui de l'humanité se sont ainsi scellés.

Je dois maintenant vous demander votre pardon. Pardon pour ce mensonge ; certes il fut gros, mais comprenez ma détresse. Je voulais juste mentir à Joseph et à nos familles pour que la tradition soit respectée, pour que la paix "sociale" continue de régner et pour sauver ma vie. Comment aurai-je pu imaginer que ce mensonge fut à l'origine de la croyance de plus de deux milliards d'individus aujourd'hui ? Si je savais Joseph et ses contemporains suffisamment crédules, comment aurai-je pu imaginer que cette crédulité survivrait aux savoirs et à la raison plus de deux mille ans après ?

Je demande pardon à Jésus

Je vous demande pardon mais je demande d'abord le pardon à mon fils.

Je n'ai bien évidemment jamais pu lui confier ma faute et mon mensonge ; ainsi, il crut qu'il était le fils de Dieu et son père et moi avons entretenu cette croyance. Sa vie fut donc celle du "Fils de l'Homme". Il perpétua la pensée magique qui fut à l'origine de ma mystification. Il crut faire des miracles : "lève-toi et marche" ; son discours performatif devenait sa réalité et celle des ses adeptes. Ma culpabilité n'en était que plus forte.

Mais j'ai vu aussi chez lui ce sentiment de révolte contre la loi coercitive des anciens. J'ai vu sa colère contre la vulgarité marchande qui envahissait les lieux de l'esprit. J'ai vu son courage devant les pouvoirs de Rome. Je me suis dit que la transcendance divine transcendait l'homme. Mon fils fut un révolutionnaire.

Tu as fini tôt mon fils, bien trop tôt. L'élémentaire prudence aurait du te conduire à la modération mais que pouvais-je faire face à ta détermination d'autant plus grande que tu savais que tu ressusciterai.

Imaginez que vous ayez cette certitude ; la vie serait plus légère, vous manifesteriez des courages que vous n'osez pas, vous iriez au devant de l'hostilité dussiez-vous périr croyant que vous ne périrez pas.

Te sachant immortel, tu es monté vers le mort avec confiance.

Je l'ai vu sur la croix, souffrant au point de douter. Il est vrai qu'un père demandant le supplice à son fils interroge sur la nature de l'amour paternel. Jusqu'à la fin, je me suis tue et me suis sentie complice de cette mort que j'aurais pu éviter. Je te demande à nouveau pardon mon fils.

Tu aurais pu être un homme heureux, mari d'une femme que tu aurais aimée, père de beaux enfants que tu aurais élevés ; un homme ordinaire mais un homme. Je t'ai ôté toute joie terrestre et il n'est aucune autre joie que celle-là.

Je vous demande pardon

Je demande pardon à l'humanité. Comprenez-moi, j'ai sauvé ma vie mais je ne pensais pas gâcher la vôtre. L'idée prêchée par mon fils m'a semblé mortifère : souffrir pour racheter les fautes, vous inviter à vous priver des jouissances de vos sens et de l'instant pour une vie éternelle et radieuse dans un ciel hypothétique ; une mortification maintenant pour une éternité plus tard. Mon fils vous a invité au cilice. Quelle erreur !

Je ne vous apprendrai pas qu'il n'est aucune vie éternelle d'aucune sorte, connaissez-vous quelqu'un qui en soit revenu pour témoigner ? Mais mon fils et ses apôtres ont fait croire à la terre entière à l'existence de l'éternité pour le plus grand malheur de l'humanité. Il s'agit bien de malheur en effet, des pays ont été conquis par le sang au nom du sang du crucifié, des bûchers furent érigés au nom de mon fils, des massacres et tortures furent perpétrés au nom du fils de Dieu. Quand je considère cette tuerie, je ne peux que regretter mon mensonge et sa mise en scène. Le plus grand malheur est l'espérance.

J'avais à peine seize ans, j'ai fait une blague d'adolescente pour me sauver d'une lapidation certaine et voilà que c'est le monde qui fut lapidé par la pierre sur laquelle fut construire l'Eglise. L'ombre de la croix n'a pu dissimuler les horreurs commises par des prélats qui voyaient dans la souffrance des autres leur propre rédemption ; une délégation bienvenue et bien commode.

Une nuit de plaisir avec mon bel amant, et des nuits de tourments pour l'humanité, mon plaisir fut, par vous, chèrement payé.

Pour être honnête, le remord m'a effleuré mais en réfléchissant sous la surface de mes sentiments, je ne regrette pas cette jouissance qui m'a convaincu que le paradis était bien sur terre ; j'ai appris qu'il n'apparaissait que par moments.

Je n'ai jamais vécu à nouveau l'émoi des sens, impossible pour la mère du fils de Dieu confinée au rôle des femmes, au silence des femmes, aux pleurs des femmes, à l'effacement des femmes, à l'humiliante humilité des femmes.

Je vous enjoins à céder aux nuits câlines, le mal est fait, vous ne risquez plus le pire, il est advenu.

Femmes, jouissez de vos amours ! Seul le plaisir est rédempteur. Faites le bien à votre corps et à celui de votre amant ou de votre amante qui vous aime pour un temps ou pour le temps. Je trouverai votre pardon dans votre plaisir. Faites la paix en vos âmes dans les liquides vertueux que Dieu veut bien laisser se répandre. Buvez à belle bouche les sources du plaisir qui s'échappent de l'intime et faites-en une communion profane. Merci ; vos ébats m'apportent enfin le repos. Vous m'aidez ainsi à me réconcilier avec cette humanité qui n'a pas plus de raison, depuis mon aveu, de se mortifier.

Ce fut un mensonge mais que le mobile fut beau.